王宗岳太极拳

李国樑——著

山西出版传媒集团　山西科学技术出版社

王宗岳画像

省级非物质文化遗产

王宗岳太极拳

山西省人民政府公布
山西省文化厅颁发
2017年10月

证　书

认定 李国樑 为省级非物质文化遗产

代表性项目　　**王宗岳太极拳**　　的

代表性传承人。

山西省文化和旅游厅

2019年10月

与赵东奇先生合影留念

与李静海女士、习云泰教授、郑惠文女士合影留念

与弟子、友人合影留念

王宗岳太极拳后继有人

荣获"最美太谷人"称号

于太谷职业中学普及王宗岳太极拳

王宗岳故居

王宗岳故居全景

序

一

巍巍凤山钟灵毓秀，淄淄乌马润泽乡里。位于三晋腹地的太谷县，古称"阳邑"，西汉时置县，隋朝开皇十八年（598年）始更名为太谷县。

这里山川秀美，商贸繁荣；这里天纵英才，豪杰辈出。中国三大内家拳之一——形意拳即发源于此。自古，太谷百姓崇文尚武，儒雅仗义，内敛而豪爽。其中，太极拳传人李国樑先生就是太谷武术世家的一个典型代表。

李国樑，山西太谷人，1944年出生于东怀远村一个武术世家。五岁时，即随其父李宗山先生习练张三丰传人——明万历内家拳名家王宗岳的太极拳。后又习练形意拳、智耳洪拳、弹腿等拳种，融会贯通，武术功底扎实，尤其柔韧功夫冠绝一时。时至今日，虽年近八旬，其柔韧性依旧能胜过十几岁的孩童。

李国樑先生习练祖传的王宗岳太极拳，保持近五百年的传统模式而不改原样，乃今人传承与研究王宗岳太极拳的"活化石"。我虽与他远隔千里，互不相识，但他所练的拳路与我整理的历史资料相当吻合。难道这是一种巧合？恐怕不是！中华文化源远流长，中国武术源流同脉，有此契合，亦不足奇。

鲁迅先生曾说："中国文化的根柢全在道教，此说近颇广行。以此读史，有许多问题可以迎刃而解。"鲁迅先生的这段话，或许正是中华文化（包括中华武术）同根同源特点的一个明确注解。

　　作为武术爱好者，希望王宗岳太极拳能够进一步发扬光大，为强身健体、造福人类做出更大的贡献。同时，我也真诚地感谢李国樑先生将祖传珍藏的王宗岳太极拳公开，献给社会！这一善举，功在当下，利在千秋！

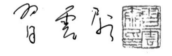

序

二

　　谈到"拳术"，人们首先想到的就是金庸、梁羽生武侠小说中神奇的古代拳术。在众多的古老拳术中，太极拳以其独特的养生、健身功能受到世人的喜爱。王宗岳是太极拳发展历史上一位集大成的重要人物。他写的《太极拳论》不仅阐述了太极拳的拳理拳法，同样也是经典养生学的重要论著。如今，在王宗岳的故乡——山西省太谷县①，一位78岁的老拳师，历经30多年努力，精心整理出了极具养生价值的王宗岳太极拳拳谱、套路，并即将付梓出版，实属可喜可贺！

　　这位老拳师就是李国樑先生，李老生于1944年，字纵横，出生于六代武术世家，5岁就随父亲李宗山先生习练王宗岳太极拳，是王宗岳太极拳第十二代嫡传人。

　　《王宗岳太极拳》记录了52个王宗岳古拳术招式，都是从日常生产生活以及动物的行动中模仿来的养生动作，地域文化、农耕文化、田野文化、民间文化蕴含其中，如：乌马河水、风摆杨柳、挽圈捆谷、巧女纫针、家鸡行步、老鹰抓兔、白蛇吐芯、走街串巷等等，动作舒缓，优美大方，能够锻炼到身体的各个部位，配合呼吸，是一套极具养生健身功效的拳术套路，兼具

---

　　① 太谷县，今太谷区。

技击特色。每个动作不仅详细地说明了练习要领，还细致地注明了其养生价值和技击特色。

李老致力于养生，每天坚持练功，78岁高龄，身体却柔韧如藤蔓，能完成许多年轻人都望尘莫及的动作。同时，李老也特别热衷公益事业，义务教拳20多年，拳友遍及北京、天津、西安、成都、昆明、太原等地。他多次自掏腰包到河南、河北、陕西、湖北等地收集资料，在《中华武术》《武林》《全球功夫》等武术杂志上发表多篇文章。李老先后被评为"山西省乡土文化能人""最美太谷人"等。他致力于挖掘整理王宗岳太极拳，把古老的"国宝"献给国家，传向社会，造福更多人。

程雪云

目 录

第一章　王宗岳小传

　　王宗岳，字林祯，明朝万历年间太原府太谷县小王堡村人，因臂力惊人，人送外号"铁胳膊王二"；又因德艺双馨，被赞誉为"华北大侠"。

　　王宗岳开办学堂，教书育人；研究武术，著书立说，收徒传承；经商做棉花生意，进行南北物资交流；耕田种地，颐养身心。他将几千年的道家精髓"太极"与"拳"有机地组合成一个完整的名词——太极拳。他的著作《太极拳论》成为武术界、哲学界、兵家等各界人士潜心学习、揣摩研究的经典著作。他创编的太极拳套路包罗万象，内涵丰富，融技击性、养生性、观赏性为一体。

　　王宗岳一生留给后人许多宝贵的财富，有武术理论著作和实践套路，被人们称为"文圣人"和"武圣人"。

第二章 王宗岳太极拳

太极拳的本质是"拳术",实质是"武艺",灵魂乃"技击",体现的精神是"健身",形象为"云水"。

流传近 500 年的王宗岳太极拳,拳种蕴含的历史文化特征不胜枚举,如:美丽动人的"白蛇吐芯""黑蛇转身""转腿摆莲",惊心动魄的"哪吒探海",奇特罕见的"败中取胜",令人眼花缭乱的"旋风转身",毫不留情的"双峰贯耳",独具一格的"威风亮相""武松打虎";展现地域特色的"乌马河水""左转右转六门",体现农耕文化的"搂柴抱禾""挽囤捆谷",再现田野文化的"风摆杨柳";体现人文生活的"托天观星""水中捞鱼",尽显民间文化长久不衰的"走街串巷",等等。

王宗岳太极拳乡土气息极为浓厚,内容丰富多彩,每一招、每一势都尽显中国传统文化精髓,优美飘逸的动作看似柔软缓慢,却暗含着绵里藏针的凌厉与锋芒。

王宗岳太极拳集文武与仁义道德为一体,是中华优秀传统文化之一。太极拳发展到现代,集策略、战术、技击、防身、健身、养生、表演、娱乐、交友为一体,尤其在入选世界非物质文化遗产之后,成为全世界人类共同的财富。

古往今来,搏斗的智者适时软,适时硬;会进,也会退;既能左,又能右,还会迂回环绕。修行养性的智者要能调整阴阳平衡,掌控住喜怒哀乐的转变,要有意志练好内功。

王宗岳太极拳也叫"365 拳",意思是每天都练拳,保持身体健康。更有意思的是,王宗岳的《太极拳论》共 365 个字,对应天地间的自然规律——一年 365 天。因此要坚定信念,练好王宗岳太极拳,创造完美人生。

王宗岳太极拳拳谱

第一式　行礼开势	第二式　哪吒探海
第三式　水中捞鱼	第四式　托天观星
第五式　龙宫取宝	第六式　十字掌法
第七式　右转六门	第八式　左转六门
第九式　搂柴抱禾	第十式　挽囤捆谷
第十一式　搂柴抱禾	第十二式　挽囤捆谷
第十三式　风摆杨柳	第十四式　巧女纫针
第十五式　玉女穿梭	第十六式　宗岳磕树
第十七式　腋下偷袭	第十八式　龙卷乌云
第十九式　推山填海	第二十式　转腿摆莲
第二十一式　武松打虎	第二十二式　双峰贯耳
第二十三式　双手揉球	第二十四式　上步栽锤
第二十五式　刘邦败势	第二十六式　败中取胜
第二十七式　家鸡行步	第二十八式　通臂打人
第二十九式　旋风转身	第三十式　老鹰抓兔
第三十一式　右腿蹬踢	第三十二式　左腿蹬踢
第三十三式　威风亮相	第三十四式　推车挑架
第三十五式　白蛇吐芯	第三十六式　霸王败江
第三十七式　黑蛇转身	第三十八式　乌马河水
第三十九式　蜻蜓点水	第四十式　稳坐马鞍
第四十一式　背后射箭	第四十二式　两臂夹攻

山西省太谷县李德崇家祖珍藏

王宗岳太极拳拳谚

行礼开势头顶天，哪吒探海玄之玄。

水中捞鱼鱼在手，托天观星星在天。

龙宫取宝宝如意，十字掌法法无边。

右转六门高粱地，左转六门玉米田。

搂柴抱禾农家乐，挽囤捆谷米粮川。

搂柴抱禾太谷话，挽囤捆谷丰收年。

风摆杨柳春光美，巧女纫针一指穿。

玉女穿梭王巧秀，[①] 宗岳磕树功夫巅。

腋下偷袭击贼寇，龙卷乌云天地旋。

推山填海神力大，转腿摆莲悟空钻。

武松打虎英雄汉，双峰贯耳莫等闲。

双手揉球转左右，上步栽锤砸下盘。

刘邦败势避灾难，败中取胜垓下篇。

---

① 王巧秀：王宗岳的女儿，一生习武，传播太极拳。

家鸡行步有分寸，通臂打人似抛砖。

旋风转身溜溜转，老鹰抓兔眼瞪圆。

右腿蹬踢力无比，左腿蹬踢断桩杆。

威风亮相好风采，推车挑架不一般。

白蛇吐芯秘功现，霸王败江血剑寒。

黑蛇转身风雷动，乌马河水浪滔然。[1]

蜻蜓点水荷花上，稳坐马鞍断桥边。

背后射箭全不顾，两臂夹攻二牛安。[2]

单鞭看路风险在，走街串巷礼让先。

懒龙卧道谁敢过，一马三箭永向前。

凤凰展翅长空亮，分百合一颐和宽。

天地合一乾坤造，仙人指路福寿鞭。

金鸡独立单腿站，收势行礼尽开颜。

宗岳太极五百岁，明朝万历到今天。

福惠世界人数亿，古谱真相太谷传。

造福人类体康健，千秋功德活神仙。

太极拳论光辉照，阴阳哲理传万年。

王宗岳太极拳的特点

1. 山水动物	2. 实战技击	3. 道家学说
4. 阴阳变换	5. 土生土长	6. 修身养性
7. 舒展大方	8. 流畅活泼	9. 柔中寓刚

---

[1] 乌马河：山西太谷境内的一条河名。

[2] 二牛安：传说王宗岳见两头牛相顶，血流不止，即以两臂之力息之。

10. 绵里藏针　　　11. 节奏分明　　　12. 动静相宜

13. 古朴典雅

1920 年山西太谷李德崇

第三章 王宗岳太极拳套路

第一式　行礼开势

歌　诀

退后一步好防身，双手行礼尊重人。

仁义礼智古有训，太极拳谱心记明。

❶ 无极式：两腿立正，并拢站立，两脚呈八字形，两脚尖分开约 60 度。两手自然下垂，中指贴住裤缝。口闭，舌顶上腭，下颌回收，呼吸自然，心静体松，目视正前方。（图 1-1）

❷ 双手同时从两边上举至头顶上方时，右脚向后退一步，身体重心放在右脚上，左脚为虚步。（图 1-2）

❸ 两手从两边下落，至水平时，右手心朝上，朝左水平画弧，带动上身左转 90 度，合于左手腕下的神门穴处，左手呈立掌。（图 1-3、图 1-4）

❹ 双手动作保持不变，整个上身向右转至极限，再向左转，身体回正。双手立于身前，五指并拢，左掌心朝右，左指与鼻子在一条直线上。两手和胸脯的中间呈圆形，这个姿势是古代道家的礼节。（图 1-5、图 1-6）

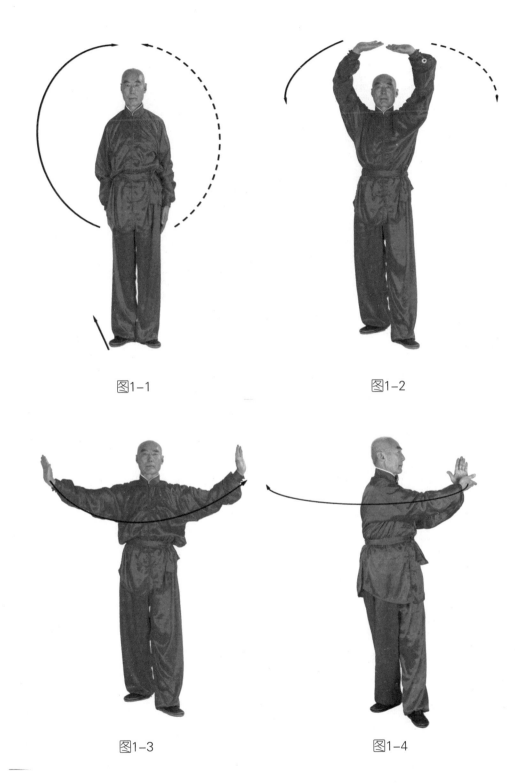

图1-1   图1-2

图1-3   图1-4

图1-5　　　　　　　　　　　图1-6

养生价值

　　无极为太极之始，乃万法之基，练好无极式能对随后的太极动作起过渡、启迪之用。无极是一种美妙的状态，"人生若能无极态，铁树开花遍界春。"

　　荀子曰："人无礼则不生，事无礼则不成，国家无礼则不宁。"有礼才是最高的养生法则。中国是世界文明古国，有着五千多年的历史文化，素有"礼仪之邦"之美称。中国人历来重文化，重礼仪，重仁义，重道德。太极拳在漫长的历史演变中，与中华传统文化紧密相连，它的拳理拳法包容着极深层次的哲学思想。

技击功效

　　王宗岳《太极拳论》曰："太极者，无极而生，动静之机，阴阳之母也。动之则分，静之则合。"我们练武防身，先礼后兵。行礼的动作可防止对方袭击自己的脸部，先退一步，方便观察对方的情况，做到心中有数。

第二式　哪吒探海

歌　诀

哪吒探海扎得深，虾兵蟹将都吃惊。

四海龙王我不怕，不是扒皮就抽筋。

　　左脚向后退一步，与右脚平行，两脚间距与肩同宽。同时，两手背相靠，内旋，指尖向下，弯腰同时往下直插，插到自己弯腰的极限程度。（图2-1至图2-4）

图2-1

图2-2

图2-3　　　　　　　　　　　图2-4

养生价值

人一天除了睡觉休息，大多时候是站立的，头部在人体的最高处，容易出现缺血、缺氧现象。很多人站立时间久了，会感到疲劳。如果练一下"哪吒探海"的动作，让头部低于心脏，减轻心脏对头部供血的负担，血液可自动流向头部，从而使头部供血、供氧充足，可使人精神焕发，同时也能缓解腰部的劳累。两条腿绷直，能起到抻筋拔骨的作用。（注意：高血压和心脑血管病患者，谨慎练习）

技击功效

王宗岳《太极拳论》曰："俯之则弥深。"如果对方猫腰低头来抱我方的腿，我方可用两手的手指，像钢针一样直插其头部和颈部，使其受伤。

第三式　水中捞鱼

歌　诀

乌马河水浪哗哗，一年四季清水长。

大鱼小鱼人人爱，水中捞鱼两手忙。

两手向外翻掌，掌心朝上，两手先分开再合住，两手的小拇指贴紧，呈捞鱼状，似水中取物。同时两腿下蹲，两腿尽量弯曲，像坐下一样，但臀部不要着地。呼吸均匀，目视两手。（图3-1至图3-3）

养生价值

活动两手臂、两腿，起到舒筋活血的作用，呼吸均匀，重在修炼内脏。

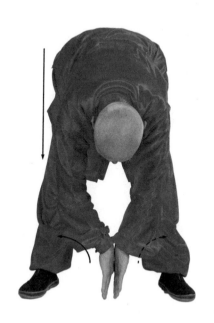

图3-1

图3-2

第三章　王宗岳太极拳套路

015

图3-3

技击功效

王宗岳《太极拳论》曰："察四两拨千斤之句，显非力胜。"在格斗中，正当我方顾下时，若对面的器械或是拳脚击来，我方两手轻轻一分拨，即可避开其锐气。

第四式　托天观星

歌　诀

托天增力舒筋骨，两眼通天观斗星。

顶天立地英雄汉，力拔山河精气神。

两手并拢，向上、向内翻掌，两掌中指相对，两掌外翻，同时起身站立，挺胸，抬头，目视上方。两掌撑至头部上方，全身舒展，两脚站稳，两掌心尽力往上托，呼吸自然。（图4-1至图4-5）

图4-1

图4-2

图4-3

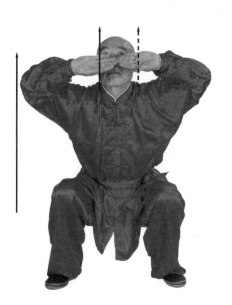

图4-4

图4-5

养生价值

手、臂、胸、头尽力向上，腰、胯、腿极力向下，整个身体上下抻展抻直，坚持习练可预防驼背，缓解颈椎疾病。

技击功效

王宗岳《太极拳论》曰："仰之则弥高。"在格斗中，如果对方从上往下压住我方，我方可全力将其推开。

第五式　龙宫取宝

歌　诀

夜叉难挡孙悟空，分开水路去龙宫。

敖广笑脸将宝献，如意金棒舞手中。

　　两手掌心向外，从左右两边下落，从上到下画一个大的立圆。弯腰，两手在最低处相合，左手在里，右手在外。腰尽量弯到自己的极限。两脚保持不动，两大腿都绷直。目视两手。（图5-1、图5-2）

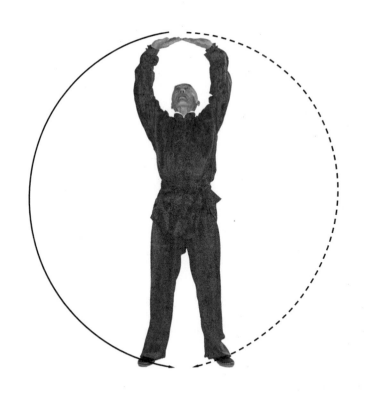

图5-1

图5-2

养生价值

本式动作与第二式"哪吒探海"的养生作用相似，还可防治、缓解肩周炎。经常练习弯腰低头，可使脸部充满血液，从而焕发光彩。（注意：高血压和心脑血管疾病患者谨慎练习）

技击功效

蒋发《太极拳功》曰："上下相随，内外相合，虚实分明。用意不用力，乃拳功之要，学者不二法也。"在格斗中，顾上也要顾下，左右全顾，对左右两边的来犯者，虚实分明。本式动作就有掤、捋、挤、按的用途。

第六式　十字掌法

歌　诀

东西南北心有数，前后左右不偏倚。

十字掌法挥手练，阴阳相济不能离。

❶ 身体起立，左转90度，右脚向右后移半步，两手掌向左右张开，手心向外，分开至极限的同时，左手向前推撩，右手向后推。（图6-1至图6-3）

❷ 右手从下往前撩到胸前，掌心朝前。左手勾回来与右手在胸前上下转个阴阳鱼圆圈。右手在胸前推出去的同时，左掌抽回下按至左胯旁。两腿三体式站立，身体重心是前腿三分，后腿七分。目视右手指尖。（图6-4、图6-5）

图6-1

图6-2

图6-3

图6-4

图6-5

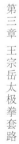

养生价值

四肢灵活为养生之要诀。

技击功效

王宗岳《太极拳论》曰："无过不及，随曲就伸。"格斗中，有两边来犯者，我方以两手臂左右推击。若前面来敌时，我方可抓住对方，用採、挒的手法，两手互动，对对方连拉带打。

第七式　右转六门

歌　诀

右转六门高粱地，左转六门玉米田。

乌马两岸都走遍，小王堡练太极拳。

❶　左脚向左跨一步的同时，左手向左上方摆动，右手向右下方画弧，两臂呈一字形。动作不停，左手弧形往下，右手弧形往上，两手迅速交叉在胸前，左手在外，右手在内。左手下按，停在腰际右侧，右手朝右上方斜托而出。同时，右脚从左脚前插向左边，呈前插步，下身左拧，上身右拧，目视右手指。（图7-1至图7-3）

❷　动作不停，左脚从右脚前迈向右边，呈交叉步，上身继续向右转动的同时，右手弧形往下，左手弧形往上。右脚原地不动，但两脚掌和两脚后跟要自行调节虚实转动。身体不停地向右转的同时，上下两手迅速交叉在胸前，左手在外，右手在内，两手心均朝里。转体360度，左手下按右腰侧，右手往右上方斜托而出，手心由里转向外的同时，下身往左拧，上身往右拧。目视右手前方。有诗曰："双臂交叉在胸前，左挒右托忙不闲。上身下体扭绳变，练功方法不一般。"（图7-4至图7-6）

图7-1

图7-2

图7-3

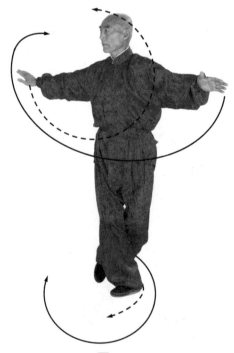

图7-4

图7-5

图7-6

养生价值

常言道："百练不如一转。"身体扭转有道，百利而无一害。

技击功效

蒋发《太极拳功》曰："上下相随，内外相合，虚实分明。用意不用力，乃拳功之要，学者不二法也。"脚步的转动为"采和左顾右盼"相结合。双臂左右手挽花的动作可用于攻防。若对方向我方打来，我方用右手捋、捌其手臂，用左手拍打其头部，不等对方反应过来，再用右手去托击其面门，上下齐动，连续还击，行之有效。

第八式　左转六门

歌　诀

无极而生太极功，动静之机阴阳分。

无过不及都注意，变化万端妙在胸。

本式动作同第七式，只是左右方向相反。有诗曰："逆反运动倒回旋，换臂方向循环圆。神仙难辨虚假事，八卦步法六门罕。"（图8-1至图8-5）

养生价值

左右扭转两向通，左右互动好轻松，

左转右转有好处，左扭右扭赛悟空，

左腿右腿相互插，左脚右脚横练功，

左手右手不停动，左屈右屈似蛟龙。

图8-1

图8-2

图8-3

图8-4

图8-5

技击功效

王宗岳《太极拳论》曰："粘即是走，走即是粘；阴不离阳，阳不离阴。"本式的主要招法与右转六门是相反方向的，千万不能只练右不练左。左顾右盼才为"对"，左右练功才为"上"，练好左拳右掌才为"精"。尚精武，能对敌，采顾盼，总受益，定势好，成功集。

注：右转、左转六门有多种练法，这是其中的一种。还有走六步转一个大圈，从上俯视像一朵六瓣的花。还有上下转圈、来回转圈等，都是贴身技击之法。

右转、左转六门，展现的是太极阴阳鱼的图形，顺转逆转均可，都符合自然规律。

第九式　搂柴抱禾

歌　诀

搂柴抱禾种田人，天长地久干活勤。

柴米油盐气息味，农家乐园长寿星。

　　左脚右移一大步，右脚往右移一小步，身体的重心放在右腿上。同时，两手从上往下画弧，两掌变拳，拳心朝上，至膝部前方。动作不停，两手向上画弧，右手停于胸前，左手在外，略高于右手。双手变掌，右手朝斜上方击出，左掌下按左腰侧。同时，右脚向前迈一步，呈三体式，重心放在左腿上。目视前方。（图9-1至图9-4）

养生价值

　　这个动作好似洗髓经的"出爪亮翅"。"出爪亮翅"是以飞禽的动作来健身的，而王宗岳用的是生活中的动作。农村人要烧水、做饭，就得去搂柴抱禾，一日三餐，心平气和地去搂柴抱禾，烧火做饭，心情愉悦，对养生大有好处。

技击功效

　　王宗岳《太极拳论》曰："本是舍己从人，多误舍近求远。"格斗中，若对方袭来，我方将其搂过来，右腿上一步的同时，右掌推击其面门。

图9-1

图9-2

图9-3

图9-4

第十式　挽囿捆谷

歌　诀

挽囿捆谷农夫甜，五谷丰登人不闲。

高粱谷子金皇后，山西太谷米粮川。

右腿收回，右手从上往下画弧，身体随之下蹲，右手快要贴住地面时，手心朝上，和左手转个阴阳鱼圈，左手心朝下。动作不停，右手变拳，呈45度向前上方斜击出去。同时，身体随之起立，右腿向前迈出一步，左手下按左腰侧，身体的重心在左腿上。目视右拳。（图10-1至图10-4）

养生价值

活动四肢，强身健体。又蹲又起，手眼相随。平稳呼吸，情绪宁静。常动筋骨，益寿延年。

技击功效

王宗岳《太极拳论》曰："无过不及，随曲就伸。"在格斗中，随对手进攻的高低角度予以攻防。

注："挽囿捆谷"是晋中地区收割庄稼的一个动作，王宗岳总结得非常传神，贴合传统的农耕文化、田野文化。

第十一式　搂柴抱禾

歌　诀

搂柴抱禾庄稼汉，泥土清香苞米面。

豆腐醋房有风味，山水田野拳能练。

图10-1

图10-2

图10-3

图10-4

这是第二次的"搂柴抱禾"，动作说明如第九式，只是左右方向相反。

（图11-1至图11-4）

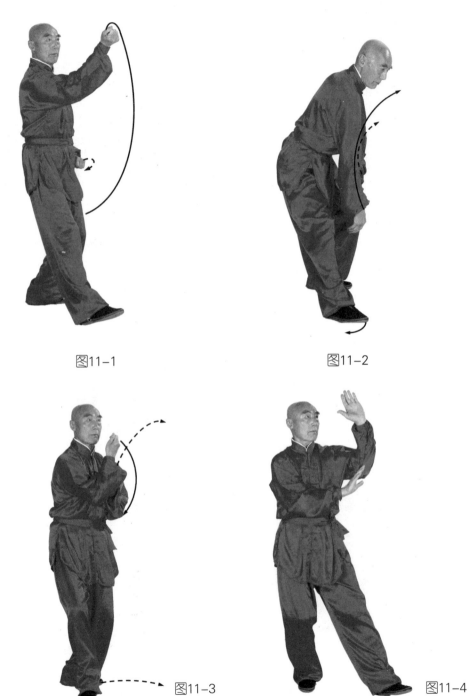

图11-1

图11-2

图11-3

图11-4

第十二式　挽囿捆谷

歌　诀

夏收麦子秋收谷，挽囿捆谷练功力。

处处留心皆学问，出类拔萃准特色。

这是第二次的"挽囿捆谷"，动作说明同第十式，只是左右方向相反。
（图12-1至图12-5）

养生价值、技击功效同第十式，左右都要练。

图12-1

图12-2

图12-3   图12-4

图12-5

第十三式 风摆杨柳

歌 诀

四月清明雨纷纷，生机勃勃春意浓。

风摆杨柳不停顿，扭腰转胯力放松。

① 身体重心移至左腿的同时，右脚移至左脚旁，脚尖点地，两腿微屈。左手呈立掌，掌心朝右；右手上移，变掌，掌心朝上，平插到左肘下。右手再随上身向右平行扭转至极限。目随手视。（图13-1至图13-4）

② 重心移至右腿，左脚尖点地，两腿微屈。右手变立掌，掌心朝左；左立掌变平掌，五指并拢，平插到右肘下。左手再随上身向左平行扭转至极限。目随手视。（图13-5、图13-6）

要求身体柔软轻盈，像春天柳树的枝条一样，随风飘摆自如。

图13-1

图13-2

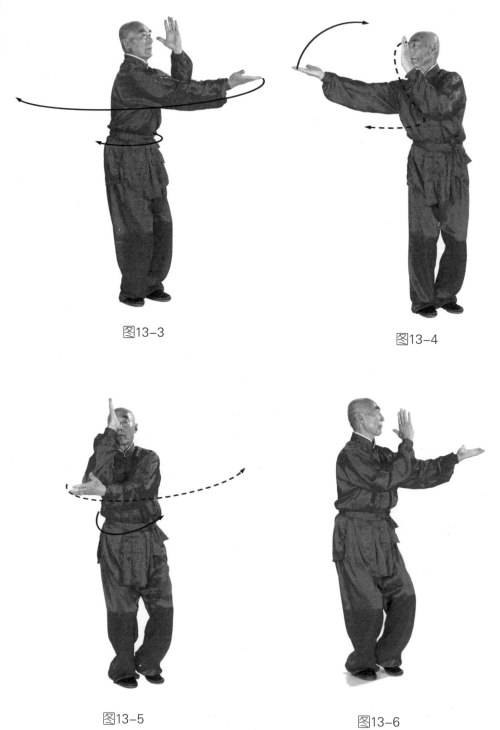

图13-3

图13-4

图13-5

图13-6

养生价值

扭腰可预防和缓解腰肌劳损和腰椎间盘突出。人的腰部就如大树的树干一样，承载的负荷很重，必须好好呵护。

技击功效

王宗岳《太极拳论》曰："左重则左虚，右重则右杳。"立掌可以保护门面。横掌可以阻挡拳脚，还可削击对方颈部，快而有力。

第十四式　巧女纫针

歌　诀

清照诗词古今通，红玉击鼓好威风。

排风舞动烟火棍，巧女纫针手眼功。

❶ 两手同时变成"一指穿针"。左脚向左前方迈出一步。左手往下按压的同时，右手从左手背上面戳出去（手心朝左）。左手停于小腹部，手心朝下，身体的重心放在右腿上。（图14-1、图14-2）

❷ 紧接着，右脚向右前方迈出一步。右手往下按压的同时，左手从右手背上面戳出去（手心朝右）。右手停于小腹部，手心朝下，身体的重心放在左腿上。（图14-3）

养生价值

"巧女纫针"，心灵手巧，常练手指功夫，对心脑血管益处颇多。

技击功效

王宗岳《太极拳论》曰："由着熟而渐悟懂劲，由懂劲而阶及神明。""一

图14-1

图14-2

图14-3

指穿针"是王宗岳太极拳独特的动作。这个动作将中指、无名指和小指弯曲，大拇指压住中指，食指伸直，当锥子用。

第十五式　玉女穿梭

歌　诀

农家闺女王巧秀，家规内外文武全。

玉女穿梭多织布，伟大女性万代传。

① 右脚收回，两手变掌，向上画弧至身体左上方，左手高于头部，右手停于左腋下。右脚抬起，向右前方迈出一步，身体的重心移到右腿上。同时，双手向右下方画弧，停于身体右前方。目随手视。（图15-1至图15-3）

图15-1

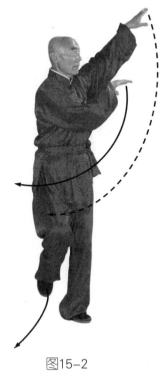

图15-2

❷ 两掌向上画弧至身体右上方，右手在上，左手在下。左脚抬起，向左前方迈出一步，身体的重心移到左腿上。同时，双手向左下方画弧，停于身体左前方。目随手视。（图15-4、图15-5）

养生价值

横向协调推拉，可以很好地锻炼腿部和脚部肌肉筋骨的稳定性。

技击功效

王宗岳《太极拳论》曰："偏沉则随，双重则滞。"在打斗中，对方从侧面向我方打来，千万不要去硬碰硬，我方可以"偏沉则随"，顺势用"捋"的招法，"顺手牵羊"，将对手拽倒。

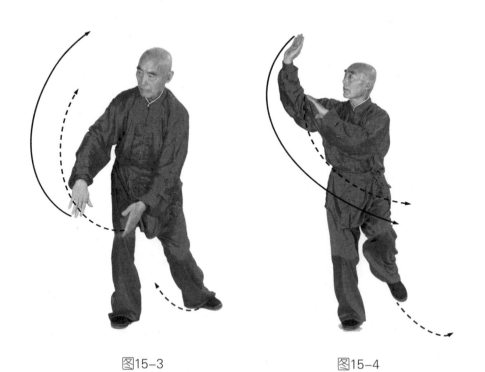

图15-3　　　　　　　　　　　图15-4

图15-5

第十六式　宗岳磕树

歌　诀

华北大侠王宗岳，每日磕树总不歇。

铁胳膊汉王老二，石柱磕断两圪节。

❶ 右腿上前迈进一步，左腿也上前迈进一步的同时，两掌变拳，右臂屈肘，右拳按于左腋下；左臂向外横磕（树干或沙袋等）。目视左臂。左腿进、右拳按、左臂外横磕三个动作同时进行。（图16-1至图16-3）

❷ 然后，左脚向右边退一步，整个身体右转180度，右脚向右边进一步的同时，左臂屈肘，左拳按于右腋下；右臂向外横磕。目视右臂。右腿进、左拳按、右臂外横磕三个动作同时进行。（图16-4）

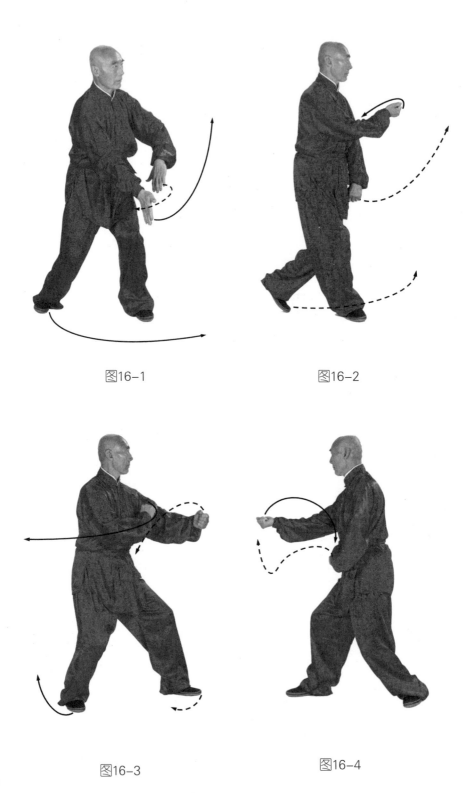

图16-1

图16-2

图16-3

图16-4

❸ 紧接着，左臂向外横磕，右臂下按；右臂向外横磕，左臂下按。
两眼先看左臂，后看右臂。（图16-5、图16-6）

养生价值

经常练习横磕树干或沙袋，可以锻炼两臂肌肉的硬度和抗疲劳度，增
强身体的抗击打能力，培养人的意志和吃苦耐劳的精神，同时也是一个修
养身心的过程。

技击功效

王宗岳著《太极拳论》曰："然非用力之久，不能豁然贯通焉。"一个
人要想在格斗中取得胜利，就必须经过长期艰苦的锻炼。在对打中，两臂
是最灵活的，两臂的硬度要超出常人，就需下功夫苦练。王宗岳在江湖上

图16-5   图16-6

行走，一生之中与人交手无数，有"华北大侠"的称号。他年轻时，每日随父兄在乌马河岸的树林中练武。他最喜欢用胳膊磕打树干。传说，他曾在田地用胳膊把一根 3 米多高的石柱子磕成两段。从此，人们送他一个绰号——"铁胳膊王二"。

第十七式　腋下偷袭

歌　诀

眼观六路看得清，耳听八方心中明。

不怕贼人暗下手，腋下偷袭保全身。

右拳往里拧，然后反臂向外击出，拳心朝外。同时，左脚蹬地，右脚往前进半步。左拳变掌，护在右脸前，头稍向左偏。目视右拳。右腿呈半弓步，身体的重心在左腿上。（图 17-1、图 17-2）

技击功效

王宗岳《太极拳论》曰："虽变化万端，而理唯一贯。"这一式重在抓住时机，打好反击。

第十八式　龙卷乌云

歌　诀

雷声滚滚电闪光，倾盆大雨无处藏。

龙卷乌云天空闹，随曲就伸谓大家。

图17-1

图17-2

❶ 右拳回收往里拧，收至左掌心内，左脚尖绷直踢出。左脚落地的同时，右拳变掌，两手翻掌，掌心朝下，右掌在左掌上，往前下方推按。同时，左腿在前，右腿在后，交叉蹲下。（图18-1至图18-3）

❷ 动作不停，上身往左扭90度，双手回捋至两手虎口相对，同时上身和两臂向右转180度，身体随转身起立，此处是一组连贯动作。转身的过程中，两手先向上画弧，交叉，左腿金鸡独立；右腿高高抬起，脚尖朝下，两手虎口相对，站稳2到3秒，两手臂与胸部呈圆形。（图18-4至图18-7）

❸ 右脚落地，两手再分开，随转身向右下方画弧，撑按于身体前下方；双腿下蹲，右腿在前，左腿在后，呈交叉步。上身向右扭转180度。（图18-8、图18-9）

❹ 上身向右扭转至极限时，整个身体再按原路线往回扭转360度。转身中，两手交叉，分开；二次交叉，分开，三次交叉，又分开的同时，右腿向前进一步，右腿金鸡独立，左腿高高抬起，脚尖朝下，两手虎口相对，站稳2到3秒。两手臂与胸部呈圆形。（图18-10至图18-13）

养生价值

俗话说，"百练不如一转"。转法有很多种，有原地转，有左右转，有绕树转，自身有平转或立转，但最好的还是自身的身形转。本式动作对腹腔脏器有柔和的按摩作用，对身体系统和器官都有良好的调节作用。

技击功效

王宗岳《太极拳论》曰："每见数年纯功，不能运化者，率皆自为人制，双重之病未悟耳！"本式动作较为复杂，可结合图文、视频进行习练。动作中有很多技击技术需细心体会。周转自如是技击的一大优点。金鸡独立根基稳，又是技击的一大优点。两手多次交叉分开，护面又护胸。两肘撑开，可用肘尖打击对手。腿抬高，可用膝撞击对手。脚面绷直，可护住裆部。

图18-1

图18-2

图18-3

图18-4

图18-5

图18-6

图18-7

图18-8

图18-9

图18-10

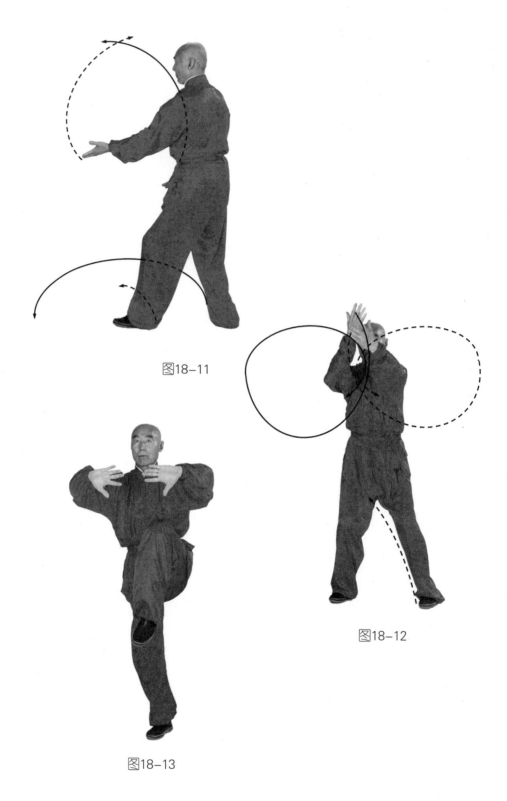

图18-11

图18-12

图18-13

练好"龙卷乌云"，前后、左右、上下、内外都可运化，在格斗中易于牵制他人。

第十九式　推山填海

歌　诀

愚公移山太漫长，推山填海溅浪花。

老君助我神力大，敢教日月换新装。

❶ 两掌变拳，回收，夹住腰部。左脚向前落地，右腿向前上步的同时，两拳变掌向前上方推出去，似推山状，身体的重心在两腿之间。（图 19-1 至图 19-3）

❷ 上身向后靠，右脚跟着地，脚尖翘起，两手以手腕相撑于身前，上下转 360 度。同时，上左步，两掌呈推山势，向前推出。（图 19-4）

养生价值

两拳夹于腰部，两腿上步做推山状，对膝关节、踝关节及手臂关节的活动锻炼都有好处，手腕的转动对腕关节的锻炼也有好处。

技击功效

王宗岳《太极拳论》曰："动急则急应，动缓则缓随。"在格斗中，推人的动作是常见的。尤其在从古到今的擂台赛上，要想把人推下擂台，需要懂得如何用劲。《太极拳论》曰："懂劲后，愈练愈精，默识揣摩，渐至从心所欲。"揣摩，就是说练拳要下苦功夫，而且必须要动脑筋，不能死练，还要常与同行交手对打。"渐至从心所欲"，可不是简单地就能达到"阶及神明"的境界。

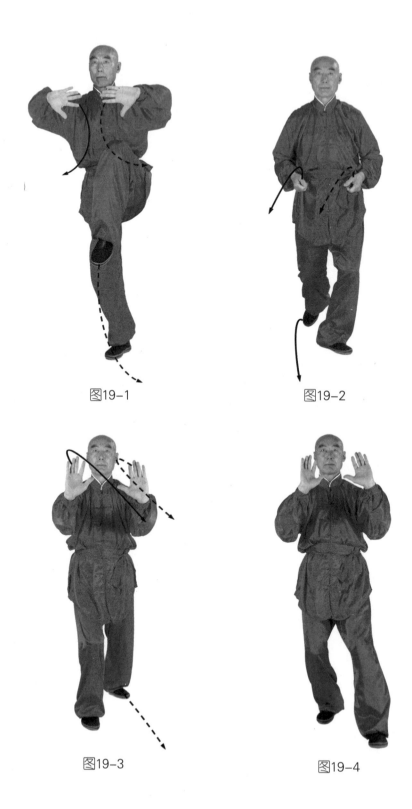

图19-1

图19-2

图19-3

图19-4

第二十式　转腿摆莲

歌　诀

水中芙蓉俏荷花，人见人爱人人夸。

转腿摆莲好姿势，愈练愈精当自强。

双臂由右下向左上，再向右绕一大圈。同时，左脚向左移一步，右腿抬起，在空中从左向右快速摆腿，两手在空中向相反的方向，从右向左打脚面。整个身体向右转180度。然后，右脚着地，左腿向前进一步，做左金鸡独立式，右脚尽量抬高，脚尖绷直向下。右掌举到最高处，手心朝上托天，五指伸开；左手掌心向下，按于裆下。目视正前方。(图20-1至图20-7)

动作要求腰腿要柔软，动作要干脆，速度必须要快，手脚配合准确，拍击声应清脆，不能拖泥带水。

养生价值

俗话说，"人老先老腿"。腿脚好，多走路，心情就好。

技击功效

王宗岳《太极拳论》曰："人不知我，我独知人。"拳谚中说得好，"手是两扇门，全凭腿打人"。格斗中，使用好摆腿、直腿、踢腿等动作，威力是很大的，常使对手防不胜防。

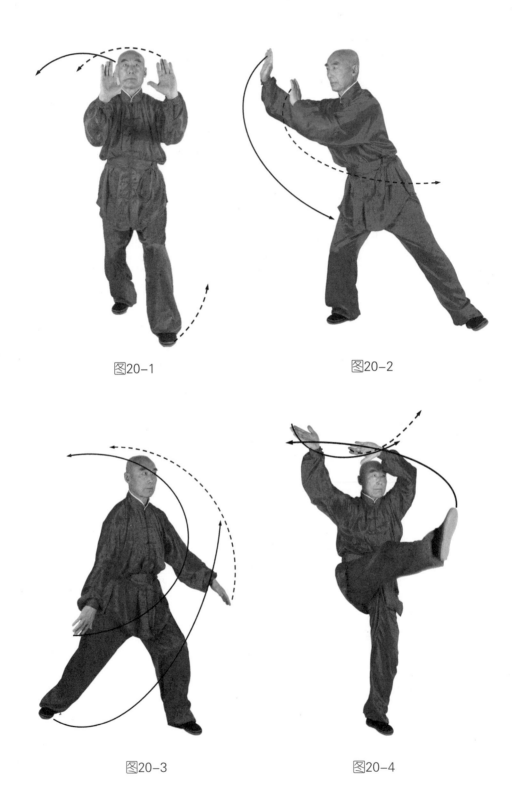

图20-1

图20-2

图20-3

图20-4

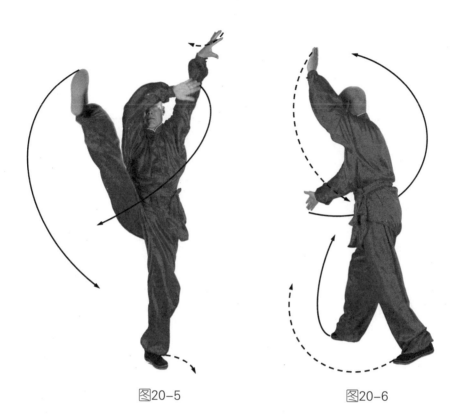

图20-5 图20-6

图20-7

第二十一式　武松打虎

歌　诀

三碗烈酒不过冈，武松打虎景阳冈。

英雄事迹传天下，所向无敌盖四方。

右掌变拳，往下打到裆部的同时，右腿往右斜后方撤步，左掌向左沿弧形上托，左腿呈左弓步，右腿向斜后方绷直。目视前方。（图21-1、图21-2）

养生价值

太极拳要求平静呼吸，动作均匀。左腿弓，右腿绷，左手再上托，可起到抻筋拔骨的作用。

图21-1　　　　　　　　　图21-2

技击功效

王宗岳《太极拳论》曰："英雄所向无敌，盖皆由此而及也。"武松景阳冈打虎，名扬天下。我们平日练拳，拳头功夫必须硬，打铁还得自身硬。同样一个"打"字，武松的"打"，和阿Q的"打"相比，正如王宗岳《太极拳论》中曰："所谓差之毫厘，谬以千里，学者不可不详辨焉，是为论。"

第二十二式　双峰贯耳

歌　诀

黏就是走不丢顶，走就是黏我顺人。

舍己从人有胆量，双峰贯耳不让人。

右脚向前进一步，左脚也向前进一步的同时，两臂带动两拳从两侧，由下向前上方抢起来（双拳打到假想敌太阳穴的位置），拳眼相对。身体的重心放到左腿上。目视双拳。（图22-1至图22-4）

养生价值

气调而均，劲松而紧，心平气和，向前向上伸展双臂，对上身可起到抻筋拔骨的作用。

技击功效

王宗岳《太极拳论》曰："慢让快耳。有力打无力，手慢让手快，是皆先天自然之能。"太阳穴是人体要害部位之一，在格斗的时候，若以双拳击打对手的太阳穴，对手一般没有还手之力。古人称，"双峰贯耳，凶狠也"。

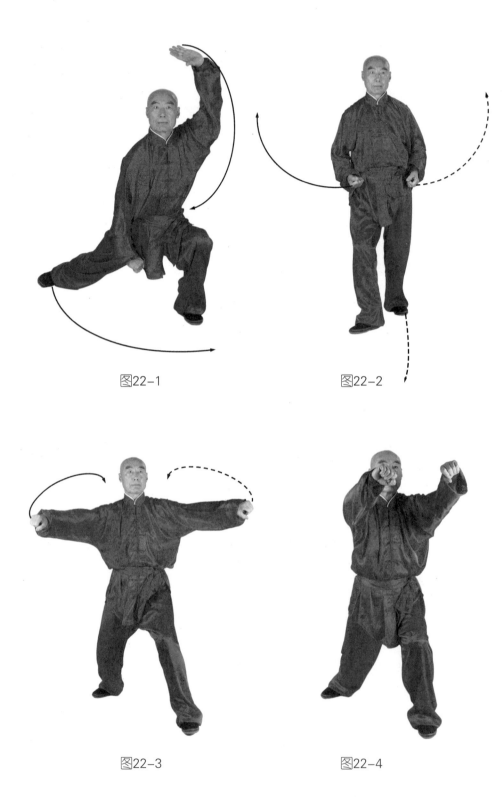

图22-1

图22-2

图22-3

图22-4

第二十三式 双手揉球

歌 诀

人间万象阴阳换，柔中寓刚棉里藏。

双手揉球简单练，简单之中不寻常。

❶ 两腿不动，双拳变掌，掌心相对，如抓球势。左脚后撤一步，身体下蹲，上体左转，左手在上，右手在下，双手向身体左侧揉球，扭身到极限。然后，上体右转，右手在上，左手在下，双手向身体右侧揉球，扭身到极限。（图23-1至图23-3）

❷ 左手在上，右手在下，左脚不动，右脚贴近左脚，脚尖点地，稍停。再反之，退右步，上体向右边扭转的同时，右手在上，左手在下，双手做揉球势。再反之，退左步，上体向左边扭转的同时，左手在上，右手

图23-1

图23-2

在下，双手做揉球势。再反之，退右步的同时，两手慢慢分开，左手掌心朝前，手臂平移至身体左侧；右手掌心向上，向右后上方画大弧，停于头部右上方；同时，左手掌朝下，按至左胯旁。（图23-4至图23-7）

3 动作不停，左右手交换（身体微微上下颤动一下），左手掌心朝上，慢慢往起抬的同时，右手掌心朝下，按至右胯旁。左脚高高提起，脚尖朝下，脚背绷直，呈右腿金鸡独立式，保持2到3秒，身体要站稳。目视正前方。（图23-8、图23-9）

养生价值

身体扭、绕、转，自古以来就是道家养生之妙法。这种连续的扭、绕、转，不仅外练筋骨皮，同时也内练精气神，一口气五脏六腑全随着动。《太极拳论》曰："动之则分，静之则合。"一分一合，阴阳变换，矛盾转化，

图23-3

图23-4

图23-5

图23-6

图23-7

图23-8

图23-9

物质融合，动静平和总相宜。在有条件的情况下，特别是在早晨，太阳刚刚升起时，习练者可以面对着太阳，微闭双眼，做此揉球运动。心平气和，心无杂念，反复做这样的运动，身心非常舒适。

技击功效

王宗岳《太极拳论》曰："阴阳相济，方为懂劲。懂劲后愈练愈精。"祖师爷的这句话必须深刻理解。一左一右就是阴阳的转化，常练左扭右扭，练得时间久了，就能体会到力量如何用，就会明白"懂劲"为何。肘部击打的力量是非常凶狠的。拳谚云："宁挨十拳，不挨一肘"，可见肘部的技击之力。

第二十四式　上步栽锤

歌　诀

有人顾上不顾下，有人顾左不顾右。

我独知人方取胜，上步栽锤动作秀。

左脚上前一步，右脚随之跟上去，贴近左脚后跟，右脚尖点地的同时，两腿下蹲，右掌变拳，栽锤砸地，左立掌护于右手腕部。目视两手。（图24-1至图24-3）

养生价值

在锻炼中，左右上下要兼顾，两腿下蹲，膝关节和踝关节都能得到一伸一屈的锻炼，防止人到中老年后，这些部位发生僵硬现象。

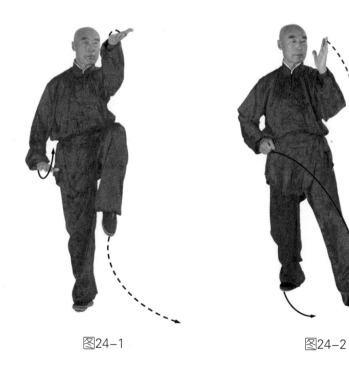

图24-1　　　　　　　　　图24-2

图24-3

技击功效

王宗岳《太极拳论》曰："仰之则弥高，俯之则弥深。"在格斗中，不仅要注意周围的情况，上下的情况也不能忽视。若对方从下面展开袭击，我方腿脚必须利索，以栽锤对付之。

第二十五式　刘邦败势

歌　诀

楚汉相争夺天下，霸王项羽太疯狂。

刘邦败势巧用计，西汉王朝就归他。

身体起立，右脚向后撤一大步的同时，整个上身向后倒，右腿屈膝，左腿伸直，呈弓步。右拳变掌，掌心朝外，护于嘴下，右肘向后戳击。左臂伸展，贴于左大腿处，掌心外翻向上。身体的重心放在右腿上，整个身体形成一个倾斜体，要求舒展大方。（图25-1至图25-3）

图25-1

图25-2

图25-3

养生价值

右腿弓，左腿绷，身体向右后呈 45 度倾斜，抻筋拔骨，能起到良好的锻炼作用。

技击功效

王宗岳《太极拳论》曰："动急则急应，动缓则缓随。"在格斗中，若对方从我方身后袭来，我方可用右肘猛击其腹部。

第二十六式　败中取胜

歌　诀

猛打猛冲鲁莽汉，灵活迂回见势行。

学者不可不详辨，败中取胜是强人。

身体下蹲，左脚回收，靠近右脚处，但要脚尖点地。左手掌于胸前画弧，护到右耳旁，手心朝外。右臂向右后方水平伸直，手心反向上，似抓物状。（图 26-1、图 26-2）

养生价值

左手护脸，右手抓物，右臂水平伸直，两腿弯曲，动作要协调，常练这个动作，对调节四肢神经大有裨益。

技击功效

王宗岳《太极拳论》曰："由着熟而渐悟懂劲，由懂劲而阶及神明。"自古到今，常胜将军不会有，败中取胜战例多，艺高人胆大，沉住气，在败势中，若对方从后面偷袭，我方立即反臂伸手抓住他的要害部位，给其

图26-1

图26-2

致命一击，让其失去战斗力。另外，左手护住自己的五官，可保护自己。

第二十七式　家鸡行步

歌　诀

雄鸡搏斗很顽强，血溅全身斗志昂。

家鸡行步高抬脚，穿奔跳跃战胜它。

❶ 右脚向身体的左侧跨一步，身体往左后方转180度，右掌从腰际平行向前直穿出去，掌心朝上。同时，左腿抬高，脚尖朝下，脚面绷直。左掌心朝下，按至左胯旁。动作不停，左掌心朝上，从腰际平行向前直穿出去。同时，左脚向前迈一步，右手掌心朝下，按至右胯旁。右腿抬高，脚尖朝下，脚面绷直。动作不停，右脚下落，两手臂横向朝左右画圈。右手往上、往右、往下，手心朝上，从腰际平行向前直穿出去；左手往下、往左、往上，手心朝下，按至左胯旁。同时，右脚向前迈一步，左腿抬高，脚尖朝下，脚面绷直。（图27-1至图27-5）

❷ 动作不停，左腿向前迈一步的同时，左手由下到上伸出，呈勾形（鸡爪状）。然后，右掌也从下到后绕一个大圈，至头部前上方，也变成勾形。动作的顺序是左手先，右手后，两臂都弯曲，右勾爪高于左勾爪，身体的重心在右腿上，上身还要前后微微晃动一下。目视两手。（图27-6）

养生价值

古往今来，各种拳术和道家修炼的功法，大多是人模仿各种动物的特征。鸡是我们日常生活中常见到的一种家禽。雄鸡搏斗，雄鸡行走，雄鸡单腿独立站，是其他动物比不了的。我们练习金鸡独立，鸡行走，就是要调动腿部和脚底的每一根神经，让它们活跃起来。

图27-1

图27-2

图27-3

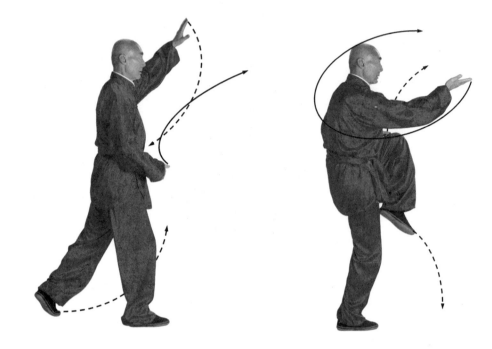

图27-4   图27-5

图27-6

王宗岳《太极拳论》曰："欲避此病，须知阴阳，粘即是走，走即是粘。"在格斗中，要想把对方粘住，就得凭仗自身的两条腿。腿上要有好功夫，无论对方奔跑跳跃，挪转躲闪，都无济于事。五指收拢，可抓其眼睛。

第二十八式　通臂打人

歌　诀

猿猴爬山攀树枝，灵敏胆大本领奇。

通臂打人前后用，虎豹不如它机灵。

身体从右后方转180度，右手展开，从上到下用手背朝下打到身体的背后，紧接着左手也展开，手心朝下，用掌也打到背后。同时，左脚向左边跨一步，身体已全部转过来时，右手掌心朝上，抽回至右胯旁，身体的重心放在左腿上。(图28-1至图28-3)

养生价值

人体前后扭动，两个胳膊的前后运动对预防肩周炎能起到很好的作用。

技击功效

蒋发《太极拳经》曰："夫太极拳者，静而始动，动而至静，动静相因，连而不断，身形互依，意气相聚。"我们学猿猴臂长的特点，格斗中有其优越性。拳谚云："一寸长，一寸强。"发挥优势，连而不断，神形互依，意气相聚，打得对手毫无反击之力。

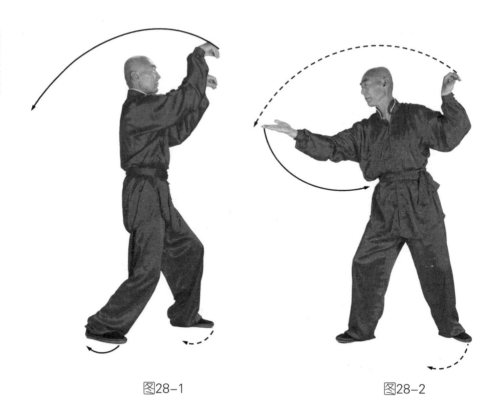

图28-1

图28-2

图28-3

第二十九式　旋风转身

歌　诀

冷热相交气流通，活似车轮转无穷。

旋风转身重心控，乱云飞渡仍从容。

❶　右臂从右面伸展开来，手心朝上，左手放在左胯前，手心朝下，身体逆时针旋转360度，两腿交叉。（图29-1至图29-3）

❷　然后，两臂都伸展开来，呈一字型。身体顺时针旋转，两腿交叉，身体下蹲，两臂移到身后，一上一下，一长一短，两手心都朝上至极限，上身下弓，眼向后看两手手指。（图29-4至29-6）

❸　身体逆时针旋转，往回返，转回原来的方向，此时后脚需挪动一下，调整到适当的位置。两手、两脚呈八卦定步，站稳，左手掌高出头部，右手掌放在胸部的左前方，手心都向前，550度转圈。目视左手。（图29-7至图29-10）

图29-1

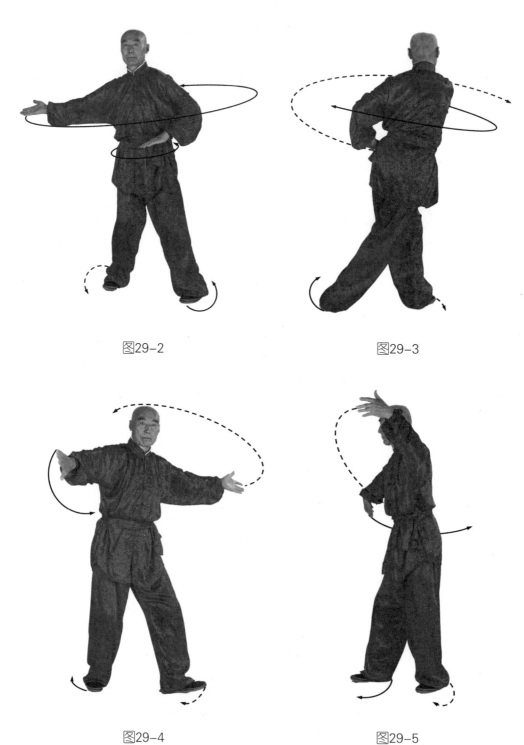

图29-2

图29-3

图29-4

图29-5

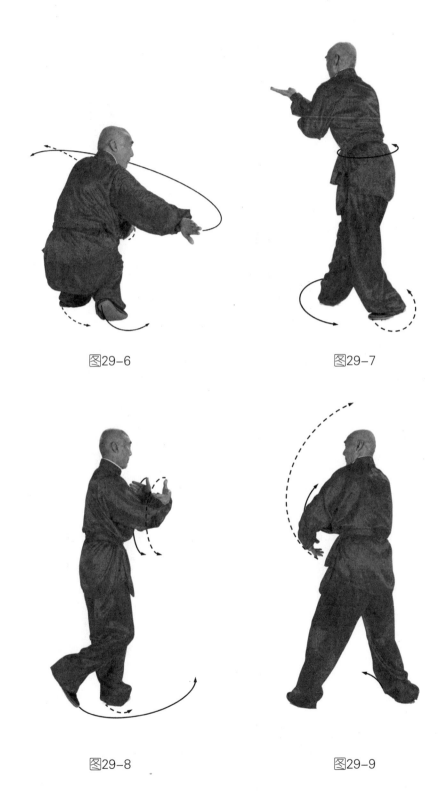

图29-6

图29-7

图29-8

图29-9

图29-10

养生价值

"旋风转身"重在锻炼身体的旋转能力。这是王宗岳太极拳旋转练习的一个特殊动作。太极拳讲究转或圆，可能随着历史的变迁，这样的旋转动作现在很少见了，但在王宗岳太极拳中还一直传承着。

从小若能坚持练旋转，对头晕、头昏、眼花、脚乱，能起到很好的预防和调节作用。这种动作还给人一种美感，使人心情愉悦，潇洒自如。

技击功效

王宗岳《太极拳论》曰："每见数年纯功，不能运化者，率皆自为人制。"格斗时，双方位置不是固定的，也不是直来直去，更不是横来横去的，必须长年不断地坚持练习旋转。不论在多么紧张激烈的格斗中，自己不要乱了方寸，要让对方手忙脚乱。我们在练习王宗岳太极拳的"旋风转身"中，两臂不停变化，对四周来的拳脚和器械，都可以将其化解，破坏对方的进攻，灵活机动地取胜。

第三十式　老鹰抓兔

歌　诀

大鹏展翅恨天底，俯之则弥狩猎奇。

老鹰抓兔不怠慢，铁爪钢嘴快扒皮。

右脚向右边挪一步的同时，两手掌变拳，置于颈部平齐处，拳心都朝里，左拳稍高于右拳。随即身体下蹲，双腿呈歇步。双手翻拳变掌，掌心均朝下，右掌心贴住左掌背向前推，两手变爪，做鹰抓兔势。目视右手。身体的重心放在两腿之间。（图30-1至图30-3）

养生价值

常做抓爪指功，对十指的灵活性很有好处；上下搓擦，可预防风湿、类风湿、关节疼等疾病。

技击功效

王宗岳《太极拳论》曰："俯之则弥深。"在与对方的格斗中，我方左手抓住对方，右手用力抓击，使其失去战斗力。

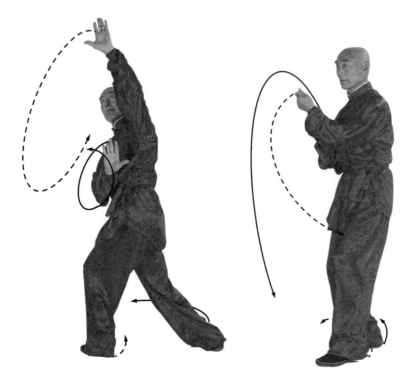

图30-1   图30-2

图30-3

第三十一式　右腿蹬踢

歌　诀

右腿蹬踢不放空，两手将他很从容。

身体重心不摇动，不偏不倚正当中。

　　左脚站稳，两手绕一小圈，似抓、牵、拉、捋、拽对方的同时，右脚蹬踢，脚尖上翘，脚后跟用力蹬，膝关节应挺直。要求上下协调配合一致，左腿要站稳。目视右脚。（图31-1至图31-3）

养生价值

　　经常习练蹬踢动作，有利于腿脚健康。

图31-1

图31-2

图31-3

技击功效

王宗岳《太极拳论》中谈到"舍己从人"，很多人误认为是"舍近求远"。懂得这一道理，当对方击来，待其靠近时，我方可以拽其胳膊，蹬踢其膝盖，使其失去战斗力。

第三十二式　左腿蹬踢

歌　诀

左腿蹬踢不放松，手脚齐到借力攻。

打你上下不得顾，忽隐忽现你圈囵。

右脚向前一步，落地要稳，两手向相反的方向绕一小圈似抓、牵、拉、捋、捌对方的同时，下边左脚做蹬踢的动作，脚尖上翘，脚后跟用力蹬，膝关节应挺直。要求上下协调配合一致，关键是右腿要站稳。（图32-1、图32-2）

养生价值、技击功效同第三十一式，左右都要反复练习。

第三十三式　威风亮相

歌　诀

太极出自道人家，土生土长在中华。

威风亮相无国界，世界众生都信它。

左脚向左跨一步，右脚向前上一步，左脚再向前上一步的同时，两手

图32-1

图32-2

做揉球动作。开始是右手在上，左手在下，后转为左手在上，右手在下。动作不停，撑开右臂，右手五指都向右前方伸展，手心朝上；左手向头上方托起，手心朝上，手指尖朝右。左腿弓步，右腿挺直，身体的重心放在两腿之间。（图33-1至图33-4）

养生价值

揉球的动作是左右摆动，两手一上一下进行柔和运动，调匀呼吸，姿势优美，修身养性。

技击功效

王宗岳《太极拳论》曰："然非用力之久，不能豁然贯通焉！"对手击来，我方不慌不忙，左右避让，用左手抓住对手的右臂，将其右臂托起，右手五指伸展，刺击其咽喉或眼睛，使其失去战斗力。

图33-1

图33-2

图33-3

图33-4

第三十四式　推车挑架

歌　诀

车辆不慎陷泥坑，愁煞众多彪后生。

宗岳助人常为乐，推车挑架惊四邻。

起身，左脚往左移一步的同时，两臂从两侧画大弧收至两腰侧。两手从腰际朝下推出的同时，右脚向前上一步。紧接着，两手在身体的两侧画弧、上托，似从下往上平端重物状，同时，左脚上前一步，身体的重心在右脚上。上托时，两臂要伸展，两掌要平。目视两手。（图34-1至图34-5）

养生价值

推车和挑架主要练丹田之气，用逆腹式呼吸法。平时我们都是用顺腹

图34-1

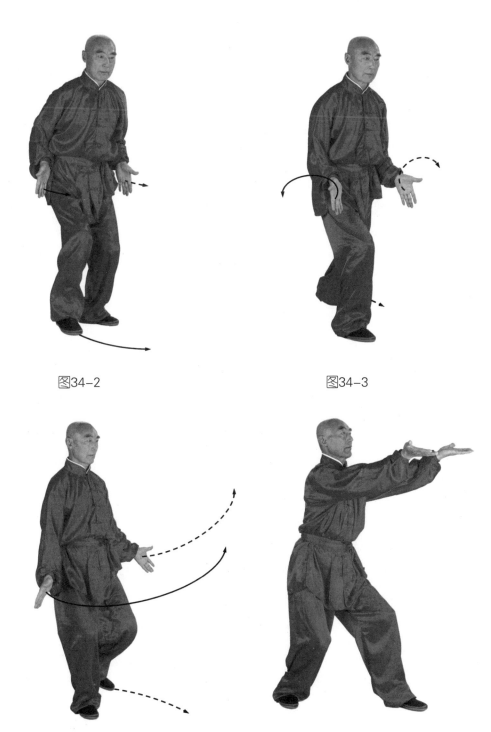

图34-2

图34-3

图34-4

图34-5

式呼吸法。练功的高境界是逆腹式呼吸法，只有用逆腹式呼吸才能发出力来，才能调动五脏六腑更好地运转。

技击功效

王宗岳《太极拳论》曰："虚领顶劲，气沉丹田""有力打无力，手慢让手快"。自古到今，儒、道、佛、医、武诸家的修炼都讲究丹田之气。丹田的力量到底有多大，很难一概而论，因为人与人的身体状况不同，在打斗中，有一句话叫"一力降十会"，有力就能把人推开或举起。

第三十五式　白蛇吐芯

歌　诀

峨眉风雨洗红尘，苦修千年白素贞。

白蛇吐芯穿云雾，西湖游览是清明。

两手掌从内往外翻，两臂向外展开，呈一字形。整个身体向右转一圈，以右脚跟为圆心，左脚向右倒走弧步，然后两脚交叉呈歇步，身体下蹲，屁股坐在左脚脚后跟上。左手掌往怀中按，右手掌从左手背上方紧贴下颌平直地伸出去，五指伸展，掌心朝上。上身要正直，头顶项竖。目视正前方。整体要均、匀、慢、长、稳、舒展、大方。（图35-1至图35-6）

养生价值

白蛇吐芯不一般，浑身柔韧软如棉。

清净安逸找环境，盘旋周转卷成团。

风雨春秋苦修炼，深山老林有洞天。

康健十全十美面，男神女仙享天年。

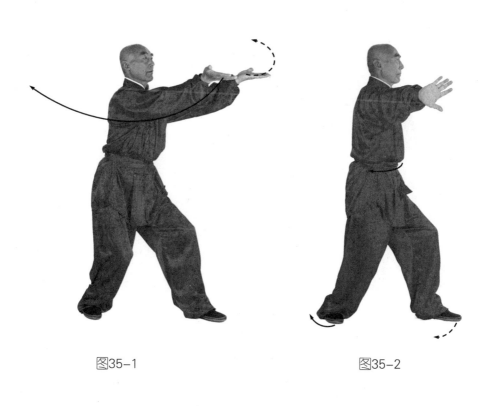

图35-1

图35-2

图35-3

图35-4

图35-5   图35-6

技击功效

王宗岳著《太极拳论》曰："察四两拨千斤之句，显非力胜！观耄耋能御众之形，快何能为？"在打斗时千万不能猛撞硬碰，要采取旋转、迂回的方式，避开对手最锋芒的直接攻击，返回来，以左手压住对手，用右掌攻击其裆部等要害位置。

第三十六式　霸王败江

歌　诀

不可一世楚霸王，恨天无把地无环。

不到长城非好汉，乌江自刎败江山。

整个身体起立，左腿向左迈一大步，呈左弓步。右腿绷直，身体的重心放在左腿上。右手从左肘处向下压，向后撩，手心反朝上的同时，左肘向左后撤，左手撤到左脸下，手心朝外，目视右手指方向，身体向左倾斜45度。（图36-1、图36-2）

养生价值

左腿弓，右腿绷，身体向左后倾斜45度，形成一个撕拉扯拽的架势，能抻筋拔骨。

技击功效

王宗岳《太极拳论》曰："退之则愈促。"以退为进，避开对手的进攻，左肘不能空撤，可袭击后面的来犯之敌。

图36-1

图36-2

第三十七式　黑蛇转身

歌　诀

黑蛇出洞有风声，水淹金山是小青。

不做坏事行为正，古今传奇于素贞。

❶ "黑蛇转身"是从前面转到后面的动作。起身时，重心移到右腿上，两臂交叉，右臂在外，左臂在里，同时两腿交叉，并转身。歇步下蹲时，右腿在前，左腿在后，屁股坐在左脚脚后跟上。两手臂抡开再交叉，右手掌停在左脸旁，手心朝外；左手掌停在右胯旁，手心朝内。头稍右偏，目视前方。（图37-1至图37-3）

❷ 起身，左腿上一大步，呈半弓步。同时，两臂先交叉再分开，左手置于头部左上方，手指朝上；右手置于右胯旁，手指朝下。右腿微屈，身体的重心放在两腿之间。将身体的重心移到左腿上，右腿向左前方迈出一步的同时，双手上下交叉。右臂继续平行移向右上方，向上绕小圈后，手心朝下。两手五指并拢，呈蛇头状，右手高一点，左手低一点，微微地晃一晃。两腿半蹲，目视右手。（图37-4至图37-6）

养生价值

转身能锻炼人的灵活性和稳定性。大幅度的抡臂能预防和缓解肩周炎。换腿交叉下蹲能有效地活动关节，调节全身神经系统，使自身随时都处于平稳状态。

技击功效

王宗岳《太极拳论》曰："立如秤准，活似车轮，偏沉则随，双重则滞。"与人交手绝不能呆板，要灵活多变，把握时间差，待对手出现空当时快速地展开攻击。

图37-1

图37-2

图37-3

图37-4

图37-5

图37-6

第三十八式　乌马河水

歌　诀

乌马河水长年流，杨柳花草戏羊牛。

滔滔不绝声悦耳，文人墨客画中游。

❶ 左腿、左掌一齐伸出，手心朝上，五指伸展。右掌按于腹部，重心在右腿上。然后，右腿、右掌一齐伸出，手心朝上，五指伸展。左掌按于腹部，重心还是在右腿上。准备转身的同时，左腿倒插步，左手从腋下插下去，跟着左腿的方向伸直，身体从左面向后转，再向左转，呈左仆步。右大小臂弯回来，突出肘尖，手背贴胸前，手心朝外。右腿屈膝全蹲，全脚着地；左腿挺膝伸直，脚尖内扣。左手臂与左腿平齐，手臂外拧，手心朝上。然后，左脚尖朝上，脚后跟着地，左掌翻转朝上；右臂竖起，掌心朝里，五指朝天。（图38-1至图38-5）

❷ 身体起立，反方向再做以上动作。（图38-6至38-9）

❸ 身体再次起立，左腿、左掌一齐伸出，手心朝上，五指伸展。右掌按于腹部，重心在右腿上。紧接着，右腿、右掌一齐向前伸出，手心朝上，五指伸展。左手掌按于腹部，手心朝下，重心放在左腿上。目视前方。（图38-10、图38-11）

养生价值

老子《道德经》曰："上善若水，水善利万物而不争。"水在世界上是最宝贵的东西。乌马河水千百年来抚育着太谷的树木花草、五谷人畜。王宗岳和兄弟姐妹们每天随父亲在岸边练拳，长年观察乌马河水流动的水势而创编成拳。拳势像河水流淌一样滔滔不绝，川流不息，有起有伏，舒展大方，拳势中还有类似河水漩涡的动作，别的拳种里极为少见，很形象。经常习练可锻炼人体的关节筋骨，使人平心静气，可延年益寿。本式动作

图38-1

图38-2

图38-3

图38-4

图38-5

图38-6

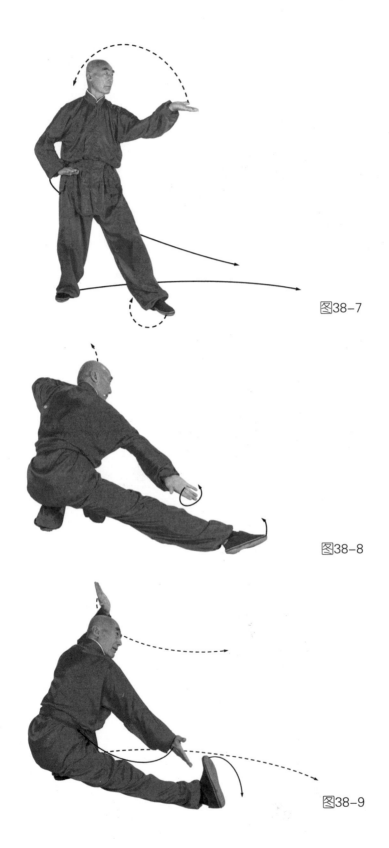

图38-7

图38-8

图38-9

图38-10   图38-11

有两种练法，这一种适合年轻人练习，年老体弱者可练高势，不要下蹲。

技击功效

　　王宗岳《太极拳论》曰："进之则愈长，退之则愈促。"上步，伸手，可以刺击对方的眼、喉、胸、腹等部位。转身可以闪躲，避开对方的攻击。处于低势时能蹲稳自己的身体，然后再起身去攻击对方。

第三章　王宗岳太极拳套路

三十九式　蜻蜓点水

歌　诀

河水不息日夜流，蜻蜓点水好看头。

宗岳踩着浮萍过，轻功绝技苦中修。

❶ 两手臂先交叉，再分开，两臂平展。右腿后撤、挺直，左腿呈弓步，胸部尽量贴住左大腿。抬头，两臂平直向后上方撩出，像蜻蜓落在花上一样。然后，上身向左偏，两臂在左边交叉，左手向前伸展，右手向后伸展。然后，右腿向前迈一大步，呈右弓步。左腿伸直，右大小臂弯回来，肘尖朝前，手指朝后，右手背贴胸，左臂伸展与左腿平行，目视后方，呈败势状。身体尽量倾斜，然后起身，身体左转90度的同时，右腿向前迈一步，右手随之上撩，手心朝上；左手按于左胯部。紧接着，左腿向前迈一步，左手随之上撩，手心朝上；右手按于右胯部。右腿再向前迈一步，右手随之上撩，呈水平，手心朝上。身体左转90度，左掌托天，两手十指都朝右，手心都朝上。两腿呈半马步，身体的重心放在两腿之间。目视右前方。（图39-1至图39-9）

❷ 身体向左转90度，反方向重复以上动作。（图39-10至39-17）

本式动作有两种练法，上一种适合年轻人练习，年老体弱者可以练下面的动作。

在第三十八式动作后，两臂先交叉，再分开，两臂平展，右腿后撤，挺直，左腿呈弓步，胸部尽量贴住左大腿。抬头，两臂平直向后上方撩出，像蜻蜓落在花上一样。然后，两臂抢开，沿顺时针大旋转。身体向右转180度，左腿上步，右腿再上一大步，呈右弓步，左腿伸直。两手臂再一次交叉、分开，两臂平展，胸部尽量贴住右大腿，抬头。然后，两臂抢开，沿顺时针大旋转至左手在上（手心朝下），右手在下（手心朝上）。上身向右转90度，两手呈抱球状。此时两腿交叉可自行调整脚位（右腿在前，左

图39-1

图39-2

图39-3

图39-4

图39-5

图39-6

图39-7

图39-8

图39-9 图39-10

图39-11

图39-12

图39-13

图39-14

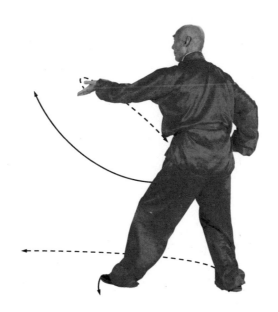

图39-15

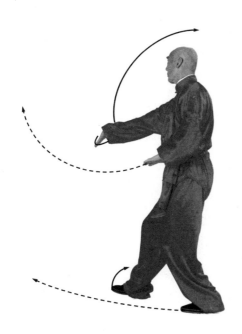

图39-16

图39-17

腿右后）。全身上下晃动两三下，目视前方。

养生价值

抻筋拔骨，四肢舒展，前后移动，左右灵便。

技击功效

王宗岳《太极拳论》曰："由着熟而渐悟懂劲，由懂劲而阶及神明，然非用力之久，不能豁然贯通焉！"下功夫练好蜻蜓点水，对深刻理解太极十三势大有裨益。

蜻蜓准备落在花上之前，一定要前后、左右、上下反复观看一遍才落下。无论是哪种动物，准有它独特的优点，将之运用在武术技击中，有助于锻炼身体、防身自卫。懂劲后愈练愈精，默识揣摩，渐至从心所欲。

第四十式　稳坐马鞍

歌　诀

长坂坡上子龙豪，百万军中特悍勇。

豹头环眼张飞在，稳坐马鞍喝断桥。

右手先绕一小圈，手掌往下按的同时，右脚前移一小步，接着左手下按，停于左胯旁，右手停于右胯旁。左脚收回至两脚与肩同宽的位置，同时，双腿弯曲，慢慢往下坐，呈坐马势，目视左前方。（图 40-1 至图 40-3）

注意：身体方向仍同第三十九式，不变换，本式为了让习练者看清动作，故将图片转为正面。

图40-1

图40-2

图40-3

养生价值

心理平衡，心情愉悦，不慌不忙，稳坐马鞍，呼吸均匀，气沉丹田，头顶项竖，百会穴与会阴穴呈一直线，血畅气顺，益寿年长。

技击功效

王宗岳《太极拳论》曰："一羽不能加，蝇虫不能落。"根底稳是技击中的首要因素，高层次的内功修炼是很不容易的。坐马势在长拳、少林拳中都是很重要的一种桩功。

第四十一式　背后射箭

歌　诀

纪昌学箭在故乡，恒心毅力造就他。

背后射箭看蚂蚁，精益求精学纪昌。

坐马势不动，右手向左上方往回搂，反掌横托于面前，再向右撑开，大小臂抬至水平。左手向右上方往回搂，立掌护于右脸前。两手的动作右手先动，左手后动，最终一起停住。身体仍保持坐马势。目视右侧。（图41-1至图41-3）

养生价值

"背后射箭"始终都是在坐马势的桩功中进行的。无论是人、树、房屋，根基都要牢固扎实。腿的好坏关系到人一生的幸福，练武者更应保护好腰腿。

图41-1

图41-2

图41-3

技击功效

王宗岳《太极拳论》曰："虚领顶劲，气沉丹田，不偏不倚，忽隐忽现。"在实战中，精力要放在主攻方向，但也不能忽视其他方向，必须要眼观六路，耳听八方，胆大心细，遇事不慌，才能取得胜利。

第四十二式　两臂夹攻

歌　诀

两个公牛正顶头，角坏头破血在流。

两臂夹攻不许动，任尔狮豹与虎牛。

两掌变拳，张开两臂向里夹，拳心朝里。右腿向左腿的左边跨一步，双腿交叉后，半蹲，停1到2秒。（图42-1至图42-3）

养生价值

做这个动作时要平心静气，向外呼气时要均匀，时间要稍长些。气调而均，劲松而紧。先吸后呼，一入一出，练气养生。

技击功效

《太极拳论》曰："有力打无力，手慢让手快，是皆先天自然之能，非关学力而有为也。"常言道："一力降十会。"在技击打斗中力量是很重要的。人们常说：越练越有劲儿，不练就会衰退。王宗岳本身就体质强壮，但更大的力量是他长年累月练出来的。

图42-1

图42-2

图42-3

第四十三式　单鞭看路

歌　诀

三套马车驭手农，大道过后尘土云。

口唱秧歌飞车快，单鞭看路一遛风。

左腿上前迈一大步，呈左弓步，右腿绷直。左拳变掌，以立掌向左前方画弧，置于头部左前方，掌心朝前，四指并拢，大拇指和四指分开。右拳变勾手，勾尖朝下，大臂抬高。上身正直，重心在两腿之间，目视左掌。（图43-1至图43-3）

养生价值

舒展大方，头顶项竖，四肢伸开，无忧无虑；眼观六路，耳听八方，心明脑清。

技击功效

王宗岳《太极拳论》曰："无过无及，随曲就伸。"练好屈伸，随机应变，往来有回。

第四十四式　走街串巷

歌　诀

老翁挑担沿街走，车水马龙躲避扭。

早晚中午不歇步，四板豆腐全卖喽。

前立掌和后勾手同时都变成立拳，两臂都伸展，呈一字形。两拳一前

图43-1

图43-2

图43-3

一后，左拳在前，右拳在后，如握住系担子的绳子。左脚、右脚先后向后退一步，左脚、右脚再向后各退一步，共退四步。停的同时，两拳头前后交换位置，右拳在前，左拳在后，以右脚掌和左脚后跟为圆心，整个身体向左扭转180度。稍停后，右脚、左脚先后向前走一步，右脚、左脚再各向前走一步，共向前走四步，呈交叉步，左腿在前，右腿在后，稍停1到2秒。（图44-1至图44-15）

注意：不论是前进或后退，走一步，整个身体都颤动一下，走四步，颤动四下，好似担担子走路时的状态。

养生价值

本式动作取自生活中担担子的动作。挑起担子咯吱咯吱响，忽左忽右，忽前忽后，躲闪，让步，拐弯，停顿等动作都是双腿为适应各种不规律情况的反应。肩挑担子，不定时地左右换肩，身体左右平衡是对前胸、后背挤压非常有效的锻炼。担担子做生意的人早起出门能呼吸新鲜空气，高喊叫卖又能吐出五脏六腑的浊气。走路也是在磨炼心性，前进时不能硬闯硬顶，礼让三先才是文明行为。遇事忍一忍，平心静气，心明眼亮；躲一躲，平安无事；让一让，大道宽广，这是安全的理念，也是健康长寿的秘诀。这也是王宗岳太极拳创编的特色所在，源于生活，用于生活。

技击功效

王宗岳《太极拳论》曰："左重则左虚，右重则右杳，仰之则弥高，俯之则弥深，进之则愈长，退之则愈促。"又曰："粘即是走，走即是粘，阴不离阳，阳不离阴。"练好担担子式的走街串巷，就能够很好地体会太极十三势的运用。任何创造都是源于生活，源于老百姓的社会实践。

图44-1

图44-2

图44-3

图44-4

图44-5

图44-6

图44-7

图44-8

图44-9

图44-10

图44-11

图44-12

图44-13

图44-14

图44-15

第四十五式　懒龙卧道

歌　诀

赤壁战后华容道，关羽横眉截曹操。

懒龙卧道谁敢过，孟德狼狈哀求叫。

　　双拳变掌，右掌从里反拧180度，两臂还是保持一字形。整个身体以左脚和右脚跟为圆心轴，向右后方转180度。转身后，左脚上一步，右脚跟一步，右腿在前，左腿在后。两腿交叉，屈膝下蹲，呈歇步，右脚全着地，左脚的脚后跟可以提起。当全身转到180度之时，双掌变拳，左拳往怀中压，拳背朝上；右拳从腰际向前下方、通过左拳背上击出，击出时拳面朝下。上身保持中正，头顶项竖，不偏不倚，目视右拳。（图45-1至图45-5）

图45-1

图45-2

图45-3

图45-4

图45-5

养生价值

身转腿动，四肢灵活，头脑清晰，方向不乱，头顶项竖，不偏不倚，常练常轻，永葆年轻。

技击功效

王宗岳《太极拳论》曰："虽变化万端，而理惟一贯。"在格斗时，我方在转身过程中，两掌可前后相继拨打对方的兵器与拳脚，然后左手往下压，接着以右拳击打对方，再补上一脚，不给对方反抗的机会。

第四十六式　一马三箭

歌　诀

老当益壮是黄忠，百步穿杨见真功。

一马三箭不虚发，随心所欲不走空。

身体起立，左脚迈出去的同时，左拳向左横击出去，拳心向上，右拳也同时往怀中扣压，拳心朝下。动作不停，右拳变为立拳，直戳出去的同时，左拳向怀中扣压回来，拳心朝下。左脚原地微动（调整重心），右脚尖绷直，向前踢出，随着，左立拳也同时击出，右拳扣压回来。右脚落地，同时，右拳向前击出，左拳扣压回怀中。左脚跟上来，靠近右脚，脚尖点地。一马三箭，一气呵成。（图46-1至图46-6）

养生价值

有诗为证：

左戳右戳连续戳，左偏右偏连续偏。

连续出拳不间断，五脏六腑康健全。

图46-1

图46-2

图46-3

图46-4

图46-5

图46-6

技击功效

蒋发《太极拳功》曰:"夫太极拳者,静而始动,动而至静,动静相因,连而不断,身形互依,意气相聚。拳未到而气先到,拳不到而气亦到。上下相随,内外相合,虚实分明。用意不用力,乃拳功之要,学者不二法也。"一马三箭,连续发射,连而不断,不给对手喘息的机会。"快"字当头,"胜"也就在掌握中了。

第四十七式　凤凰展翅

歌　诀

丹顶朝阳好曙光,凤凰展翅更吉祥。

百鸟之王真美丽,舒展大方我命昌。

左脚先向右沿弧形摆动,再向左跨一步。两拳变掌,指尖相对,从面前向外向上翻掌,掌心向上升,往两边分开,做展翅状。右脚贴近左脚,两腿下蹲,两手掌从两边画立圆到底,手心自然朝上。两掌继续画弧交叉,右手在外,左手在里;同时,慢慢起身,两掌外翻朝上,升至极限。然后左脚向左出一虚步,重心在右腿上。两臂弯成圆弧形,两肘尽量向后,挺胸抬头,目视左上方,呈凤凰展翅状,稍停1到2秒。(图47-1至图47-4)

养生价值

本式动作有助于抻筋拔骨,可使身体各部位取得很好的拉伸效果。

技击功效

王宗岳《太极拳论》曰:"动之则分,静之则合,无过不及,随曲就伸。"在格斗中各种情况都会发生,如果遇到从上打下来的器械或拳头时,躲得

图47-1

图47-2

图47-3   图47-4

开就躲，躲不开要用手去架挡，然后再伺机反攻。

第四十八式　分百合一

歌　诀

分庭对立相对抗，分道扬镳车马上。

分门别类有标准，分百合一功效大。

两手臂在身前沿顺时针画立圆，开始左手速度快些，右手慢些，转到右手在右面，左手到了小腹下，继续向左画立圆，至左手最高，右手最低。然后继续顺时针画弧，两臂交叉，左臂在外，右臂在里。动作不停，左手往下按，停在右腰侧，右手往上画弧的同时手心由里转向外，右手向右上方托出。同时，右腿迈向左腿左边，呈前插步定势。下身往左拧，上身往右拧，目视右手。（图48-1至图48-3）

养生价值

两手臂画立圆的同时，浑身左右扭动，两眼也跟着转，两臂的根节带动中节和梢节，对肩周炎的预防和缓解效果较好。这也是道家养生的法则，好处多多，望学者用心体会。

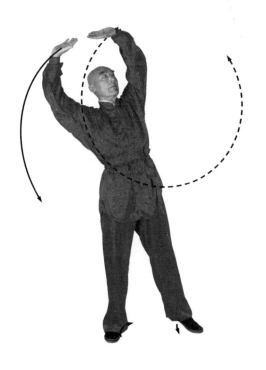

图48-1

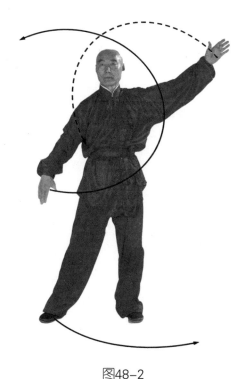

图48-2

图48-3

技击功效

王宗岳《太极拳论》曰："察四两拨千斤之句，显非力胜。"本式动作和其他拳种的动作风格明显不一样，它体现了两只手拨、按、打，又带动两腿交叉走步，便于化解对手的攻击。

第四十九式　天地合一

歌　诀

分久必合有哲理，合久必分历代伤。

天地合一各一方，人间正道是沧桑。

双手继续沿顺时针画立圆。左手往左上方画弧，目随左手而视。同时左腿也向左跨一步。右手画弧往下压，重心移到左腿上的同时，左手至顶上，手心朝外，右手在小腹下，手心朝里。两臂迅速交叉，左臂在外，右臂在里。动作不停，左手往下压，停于右腰侧，右手向右上方托出。同时，右腿从左腿前向左跨一步，呈前插步定势。下身往左拧，上身往右拧。目视右手。（图49-1至图49-3）

养生价值

有诗为证：

动作优美经络通，凡人观赏喜笑容，

八洞神仙比不上，牡丹月季年年红。

佛家道家悟真空，修炼身心妙无穷。

天人合一人勤动，寿比南山不老松。

技击功效

王宗岳《太极拳论》曰："观耄耋能御众之形，快何能为。"有诗为证：

宗岳太极天地人，云游道人述真经。

掤捋挤按不费劲，采挒肘靠好赢人。

前进后退轻灵步，左顾右盼定势停。

精气神力行为正，手脚齐到方为真。

第五十式　仙人指路

歌　诀

善男信女拜菩萨，保佑平安百姓家。

仙人指破迷津路，金光大道修健康。

图49-1

图49-2

图49-3

右手臂沿逆时针往左画大弧，至水平，手心向下，整个身体随之向左转90度，同时，右脚向后撤一步，右手不停往回拉至右胯旁，手心朝下的同时，左手变手心朝上成水平往外伸出，目视正前方。左右手的一出一回与右腿后撤的动作是同时进行的。左脚后跟是虚的，右脚踏实，整个身体的重心放在右腿上。要求头正身直，显示出仙人的气色、气质。（图50-1、图50-2）

养生价值

有诗为证：

顺时针变逆时针，颠倒逆顺好修行。

平衡阴阳解矛盾，白云深处一道人。

图50-1

图50-2

技击功效

王宗岳《太极拳论》曰"舍己从人"，多误"舍近求远"。当我方向左转身90度的同时，右腿后撤一步，用右手将对手拽过来，左手五指直击其眼睛或咽喉等要害部位。

第五十一式　金鸡独立

歌　诀

金鸡独立单腿站，保持平衡协调难。

转换虚实非容易，稳如昆仑与泰山。

左脚站稳，右腿屈膝高抬腿，越高越好，脚面绷直，脚尖下垂，左右手交换，左手拉回，手心朝下，按于左胯旁；右手水平伸出伸展，手心朝上。面容严肃，咬牙闭口，两眼圆睁，平视有神，身体正直，像高山上的松树一样挺拔傲然。（图51-1、图51-2）

养生价值

坐如钟，卧如弓，走如风，站如松，是中华奇功。坐卧走站看似简单，实则不简单。行拳走架须调换，金鸡独立定中根。

技击功效

王宗岳《太极拳论》曰："立如秤准，活似车轮。"习武之人必须练好底功。根基夯实，楼房才能牢固；树根扎实，才不会被大风刮倒。练武之人两腿脚要立如磐石，稳如泰山。

"立如秤准，活似车轮"这句话是怎么来的？要知道王宗岳不仅是武林高手、华北大侠，还是位教书先生，又是一个生意人。古时候做买卖就

图51-1　　　　　　　　　　　　　　　　图51-2

要用秤，要想秤得准，必须用手提住秤纽，把物品盛放在秤盘里，另一只手移动秤砣，使秤杆平衡。没有垂直的秤纽，就达不到平衡，秤就不会准。所以王宗岳把"立如秤准"运用到武术上。我们练金鸡独立时，如果没有练好扎实的底功，就不会站得平稳，身体会摇晃，姿势就不会规范、准确。再说"活似车轮"，轮子要灵活，不能不动，而且要转得快，否则就不能前进，王宗岳善于把生活中的实践形象地运用到武术上，这是很多人做不到的。

第五十二式　收势行礼

歌　诀

礼貌谦虚恭敬人，多多赐教我爱听。

中华美德世人赞，团结互助礼彬彬。

　　右腿向右后方退一步，脚掌着地的同时，右手向右平展伸出，手心朝上，左手抽回，按至左胯旁。随即，右手臂随上身逆时针向左扭至极致，目随手视。然后，左手向左平展伸出，手心朝上，右手抽回，按至右胯旁。左手臂随上身向右扭至极限，目随手视。上身转正，左手呈立掌，停于面前。右手向右平展伸出，手心朝上，再向左移，手掌水平放在左手腕前面的神门穴处。左脚后跟为虚，右脚踩实，身体的重心放在右腿上。然后，双手从身体两边慢慢下落。左脚退半步，呈立正姿势，回到无极状态。头正身直，挺胸，闭口咬牙，下颌收回。（图52-1至图52-7）

图52-1

图52-2

图52-3

图52-4

图52-5

图52-6

图52-7

养生价值

人总是要活动的，左右摇摆，四肢百骸全动，五脏六腑康健，精神焕发，一套拳练完，面不改色，心不跳，气不喘，微微出汗，浑身发热，心情愉悦。

技击功效

王宗岳《太极拳论》曰："斯技旁门甚多，虽势有区别，概不外壮欺弱。"这套王宗岳太极拳在古代时就已经展示出了很多技击招法的不凡之处，所以王宗岳能成为赫赫有名的"华北大侠"，他的第一个徒弟蒋发能成为"一代宗师"。练拳习武首先是思想品德要正，学武莫忘"德"。收势行礼，正是此意。

后

记

从我决定将几百年来家规家传、传男不传女、传内不传外的王宗岳太极拳献给国家，传向社会开始，就着手整理文字和图片。对我来说这是一项浩大的工程，由于没有照相器材，又不会操作电脑，加上本人文化水平有限，三十多年来一直未完成。但我不甘心，用蚂蚁啃骨头的做法，鳖足千里不停步。字典不离手，资料堆满桌，求朋友，求老师，求能人，问学生。毕竟年逾古稀，我不会使用打字输入，只能用"智能笔"一笔一笔地写在电脑上。

我嘴勤，腿脚勤，骑个自行车四面八方找人解决一切难题。学习唐僧取经的精神，学习红军长征的精神，遇到坎坷山壑，就背一句"不到长城非好汉"。过一道难关就哈哈大笑，活动活动筋骨，继续写作。

终于，功夫不负有心人，《王宗岳太极拳》一书即将与读者见面了。

在此，我要特别感谢王金芝、王强、闫煜榕、程雪云、王治桦、郑惠文、杨永刚、王志光、王维杰、胡书杰、赵祥芳等同志的大力帮助。尤其是全家人的极力支持，他们承担了一切家务，让我能专心写作。感谢艺术家摄影协会的会长赵东奇先生不辞劳苦为我拍照，他那一丝不苟的工作作风很是值得我学习。更要特别感谢企业家王保东先生为此书的出版慷慨资助，我从内心深处非常感激他。

本书肯定会有不足之处，恳请武术界同道与广大武术爱好者、养生专家给予批评指正，并致以衷心的感谢。

李国樑

图书在版编目（CIP）数据

王宗岳太极拳 / 李国樑著 . — 太原 : 山西科学技术
出版社，2023.7

ISBN 978-7-5377-6265-6

Ⅰ . ①王… Ⅱ . ①李… Ⅲ . ①太极拳—套路 (武术) —
中国—清代 Ⅳ . ① G852.111.9

中国国家版本馆 CIP 数据核字（2023）第 040512 号

王宗岳太极拳
WANGZONGYUE TAIJIQUAN

出　版　人	阎文凯	
著　　　者	李国樑	
策 划 编 辑	徐俊杰	
责 任 编 辑	徐俊杰	
封 面 设 计	吕雁军	
版 式 设 计	许艳秋	

出 版 发 行　山西出版传媒集团·山西科学技术出版社
　　　　　　地址：太原市建设南路 21 号　　邮编：030012
编辑部电话　0351-4922107
发行部电话　0351-4922121
经　　　销　各地新华书店
印　　　刷　山西基因包装印刷科技股份有限公司

开　　本	787mm×1092mm　1/16	
印　　张	10.5	
字　　数	145 千字	
版　　次	2023 年 7 月第 1 版	
印　　次	2023 年 7 月山西第 1 次印刷	
书　　号	ISBN 978-7-5377-6265-6	
定　　价	48.00 元	

微信扫码

扫一扫观看

王宗岳太极拳教学视频

招式精讲
好懂易学

- **配套视频**

  一招一式有标准，跟学很轻松

- **太极知识**

  了解太极拳知识，夯实理论基础

- **健康驿站**

  强身健体，从日常小事做起

· 还有【运动趣闻】【阅读笔记】
【社内书单】等你来体验！

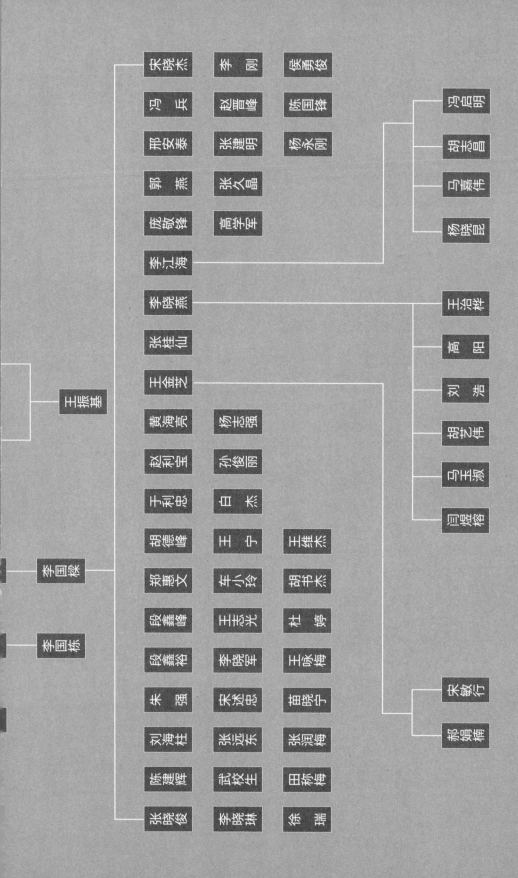